JN410472

# 설명할 수 없는 문장들

최귀환 시집

문학의전당 시인선

346

# 설명할 수 없는 문장들

최규환 시집

문학의전당

## 시인의 말

오랜 기간의 공백이었으나
멀지 않은 날들의 기록이다.
예민하지 못했던 삶에게 값을 치르는 시간이었거나
스스로 익숙해지는 허물이었다.

보이는 것은 뭐든지
감춰진 내막으로 번져 있다.

내 언어가
세상의 소리를 읽다가
낮게 엎드리는
사소한 흔들림이었으면 좋겠다.

2021년 10월
최규환

## 차례

## 제2부

## 제3부

# 제1부

# 오래된 습관

기약 없는 것에 뭔가를 채우려는 것이 비일비재하다
가진 것 하나 없는 놈이
종이배 하나 띄워놓고 달마다 붓는 청약적금이 그랬고
희망이 없단 이유로 매주 로또를 산다는 옛 친구의 소박한
확률 너머
취업 문턱이 높을수록
쌓여가는 청춘의 무수한 밤이 그렇고
헤어지고 나서
그녀와 걷던 공원에 앉아 달빛만 안고 돌아오는 길에도
숱한 만남이었지만
사랑은 없는 것 같다던 김 대리의 말이

삼백예순날
봄이 올 것만 같다가도
마음만은 꽃이 될 수 없어
자주 길을 헤매었다

# 유난스런 날

휴일 저녁이 되면 한 여인이 유리창을 닦는다
일상을 물리고 어김없이 묵은 것을 닦아내는 시간
유난스런 날이란다
엉겅퀴 잎사귀 틈으로 바라보는 풍경이 결코
낯설지 않았지만
십수 년은 더 늙어 보이는 내 몰골이 낯설게 느껴지는 그런
유난스런 날
빼곡한 주택가
맑은 하늘에 갑자기 소나기가 퍼붓고
오지랖 넓은 유기견에게 마음을 들켜버린 순간
미쳐 날뛰고 싶은 유난스런 날이란다

편의점 앞 탁자에 놓인 그날의 수첩
일목요연한 풍경이 가지런한 버들잎에도 내리고
저만치 습기를 타고 내려오는
모든 수고와 허물이 내려앉은 휴일 저녁

돌아오는 동안 자꾸 등을 떠미는 바람이 불었고

낯선 풍경이 아닌데도
먼발치의 소식에 마음이 팔랑거리는
그런
유난스런 날이란다

# 죽은 설교자

오래된 어촌 상회에서 컵라면을 말아먹던 사람

엽서에 적힌 안부가 궁금해
뜨거움을 불면서 해가 지고 있다고만 말하고
세상 누구보다 고독한 등을 보이지 않았다
한 번도 본 적 없는 나였으나
그가 적어놓은 운율은 바다에서 들려오는 비밀이었다

집으로 가고 싶은 사람이 모였다가 흩어지는 동안
정말이지 가까운 약속이 오고야 말았고
빼곡한 노트에서 흘러나온 소리는 부서질 듯 무너질 듯
삶에서 가장 가까운 거리는 죽음일 거라 여기면서
세상은 빛으로 사는 게 아니라
그늘에 담긴 내용을 읽고 가는 울음일 거라 말하면서

바람 부는 방향에서 회오리가 쳤는데
오늘처럼 먼 산 보는 일이 잦았던 어느 봄날
한 번도 본 적 없는 나였으나

집으로 가는 길은 마음만으론 갈 수 있는 건 아니고
견디는 식물의 맘 어디쯤은 있을 거라고 말이지

다시는 무덤이라 말하지 말고
영영 잊힌 사람이라 말하지 말고
여기는 다만 슬픔만 내려앉는 살 만한 동네일 뿐이라고
난곡동 산동네에 올라 풀빵 같은 노래로 겨울을 토닥였던 사람

돌아서 눈물 비추지 않아도 괜찮을까 싶었지만
꽃이 피었다가도 울먹이는 날이 많았다

# 친구

습지에 둘러앉은 생이 짙은 빛 그림자로 떠돌았다

어스름이 멱을 감는 시장통 이른 저녁
친구는 오늘 같은 날엔 슬픔을 마셔도 괜찮다고 했다
낡은 조명을 쏟아내던 싸롱의 밤
혹은 포구로 향하는 걸음을 대신하던 갈매기들이
먼 곳에서 손을 흔들어주었다

풍경이 몸에 깃든 이유가 뭘까 고민하다가
얼비친 창가에 서면
깊고 순한 바람이 패역(廢驛) 가까운 그늘로 데려다 놓곤 하였다
떠난 친구가 착한 건
내 방식의 그늘에 숨겨둔
망각의 어느 지점에 남아 있어서다

소식이 없었으나
마음에 두르고 있던 편지를 꺼내보는 날

나는 문을 걸어 잠근 두문불출에 있었고
친구는 장승처럼 겨울 윗목에 있었다
마음을 놓아주지 못하는 병이 깊은 탓이었다

한 키의 생을 더해
어쩌지 못하는 그늘에도 빛이 고여 있다

# 조문(弔問)

절벽에서 떨어진 죽은 기물 앞에 생을 불어주던 날
목숨도 내 것이 아닐 때가 많았다

네 시간의 처방을 마친 직원은 늦은 밤이 돼서야 밧줄을 풀어주었다
기억을 쌓아두었던 아둔함이 오히려 우환을 키웠던 탓일까
생을 이끌어준 목록과 내연이 쏟아져 나왔으나
손톱만 한 그리움조차 읽어내지 못했다
나도 너처럼 백주대낮 취기로 활보하던 거리가 있었고
빛나고 어여쁜 사랑도 꽃피웠을 청춘이 있었는데

그 말이 혼령처럼 맴돌아 먹먹한 울음으로 밤이 흐르고 있었다
목숨과도 같은 것일수록
집착을 버려야 그만큼 비워지는 것인데
소중한 것이 차지한 마음의 용량이 너무 많았다

어렸던 딸과 아들을 지우고

푸릇한 바다의 풍경도 사라지고
운명 같았던 사랑도 힘겹게 떠나보내고
지금은 멀어진 가족과 함께 보낸 화기애애도 묻어야 했다

낡고 깨진 것과 함께
새로 산 단말기를 들고 돌아오는 길
가만가만 내 속을 들여다보는,
내가 나를 두고 떠나는 변두리의 밤이었다

칠 년의 세월을 눈앞에서 가져간 그해 여름
자주 마음이 오갔던 공원에 이르자
상수리나무가 우기와 함께 조문(弔問)에 들어서고 있었다

# 포구 근처에서

약속을 물리고 포구를 찾았다
오래전 다녔던 그 자리에
애써 찾았던 마음을 두고 왔던 여운 때문일까

어장은 새 단장으로 사람을 불러 모으고
부스러기를 받아먹던 새떼는 해가 지는 시간에 맞춰 배경이 되어주었다
빛 그림자 힘에 이끌려
잊을 수 없는 것이 많은 듯하여
혹은 해독 불가능한 문장이 어지럽게 널린 듯하여
값을 치르지 못한 죄의 길에서 한껏,
마음이 번졌다

비가 왔다
처음엔 어떤 빛이었으나 이처럼 비를 마주하기도 하면서
세상은 뭐든지 내막을 담아
둘로 나눠지다가 곧 하나가 되는 것

되돌아보니 포구를 떠다녔던 오래전 그 길은
슬픔의 부피를 키웠던 지금과 같이,
들판 어디쯤에서 오는 아득함이었다가
다시 빛을 부어주는 새록으로 와 있는 것이었다

# 사랑

강물이 뜨거운 눈빛을 내어주었다
깊게 물들었던 건
한순간에 사라져야 좋은 것,

그날의 서약은
그만큼의 다짐으로 깊어졌다

병든 나무로 살다가
줄기 하나 엮어 주듯
그거 하나 배우고 가는 것이라는데

빈 의자가 바깥에 나와 있는 동안
바람이 온몸에 들어찬 날이 있었다

# 이별

점자로 박힌 하늘을 읽다가
하늘 아래 아픔이 끝없이 펼쳐졌기에
내게만 주어졌던 아픔인 줄 알았다
몸을 부풀리고 싶었던 안간힘이 모자라
그 자리가 내 자리가 아닌 것 같아 느닷없이 돌이켰다

내용보다 표면이 익숙하지 않아
나누었던 날들의 공기를 싣고
얼마나 더 오래 붙들고 있어야 하는지 몰라서
홀로 밤에 나와 얼굴이 붉어지곤 했다

# 마포갈매기

그날의 갈매기는 비에 젖었고
당신과 헤어지고 나서
여름 한철 길게 울었던 무렵이었습니다

사소하게 계단을 오르는 일과
나무가 가지런한 길을 걸을 때와
고단한 외투를 걸어두는 무심함이
당신과의 먼 공간 사이에서 벌어진 일입니다

문득 세상의 공정함을 생각했습니다

내 몫과 당신의 몫으로 남아 있을 오늘의 비
그날의 일기장에
깨알 같은 점자들이 빼곡한 일쯤은
헤어진 일들로 인해 가볍게 부수어졌습니다

누구나 겪는 일을 나도 겪으며
비가 들어찬 오늘의 메뉴처럼

젖은 갈매기가 하늘을 향하는 상상을 하면서
당신이라는 창을 놓아두었습니다

# 청승의 무덤을 내려오다

죽은 자는 미련을 남기지 않아야 하는데 말이야
오죽했으면 미련하게 미련을 두어
여름 한낮인데도 별을 등지고 누워 있는지

별거 없는 것을,
지긋이 눌러앉아 살아도 안개와 같은 건데 말이야
오죽했으면 세상에 남은 슬픔 다 마시고
조문 하나 없는 객으로
잠자는 돌* 위에 스러지는 청승처럼

한 세상이 지나고
또 한 세상이 올 때쯤은 말이야
푸른 이파리가 떨어지는 일과
사람이 죽어
그 남은 잎을 다 모아 붙이는 그런 날이
영영 올 것만 같지는 않은데 말이야

그래도 그래도

달빛을 받아 뒤틀린 심사를 녹여줄
푸른 광맥 같은 바다가 찾아올 거 같긴 한데
낮술 한 잔 들고
진초록 잔디가 바람에 날리는
청명(淸明)의 하늘도
무심을 잊은 공원에도 반듯하게 드리워 있어서

아, 지독한 땡볕에 나온 먹구름 한 점

---

*잠자는 돌: 박정만 시인의 시집『잠자는 돌』차용.

# 새끼고양이

비 내리는 가을 다리 위
새끼고양이가 어미를 잃었다
목재 쓰레기 골목이 어린 녀석의 피난처
동네 주민들은 어미를 잃고 저러고 있더라며
내내 걱정이었으나
공업사는 고급 세단의 내장을 청소하느라 분주했고
그 옆 횟집엔 오늘의 세꼬시가 종일 간판에 반짝였다

막내아들 면회를 마치고 돌아온 날처럼
자리를 떠나지 못하는 그녀
자식을 키우는 어미만이 안다는데
지들 등만 따수면 그만인 것이 사람의 태초라고 말했다

신이 동물을 남겨둔 이유를 알 수 없어 몸을 흔들던 그때
말 못하는 어린 새끼의 심정이
인간의 족보보다 훌륭한 성경이란 말이
다리 위에서 머뭇거렸고

가을이 제 키만큼도 자라기도 전

그녀는 새끼가 있는 동네에 가지 못했다

# 불편한 관계

신형 휴대폰을 쓰게 되었다
손가락에 마비가 올 정도로 연습을 해도 세상의 편의를 따라가지 못했다
글로벌 뱅킹으로 가입해 외국인으로 살 뻔도 했다
다음 생은
집 나간 아내가 뜬금없는 소식을 전해오거나
헤어지고 돌아오는 딸의 울먹임에 어쩔 줄 모르는 공중전화로 살고 싶었다
다음날도 그런 생각이 지워지질 않았다
버릇에 길들여지다 보면 습관이 되는 것인지
혹은 그 반대인지는 몰라도

다행스럽게 그때까진 이렇게 살아도 될 듯싶지만
안과 바깥 사이
그 너머를 꿈꾸는 덜떨어진 멍청으로 사는 게 좋아서

마음만으로 사는 일이 힘든 오후
세상을 앉히지 않은 오랜 누각처럼 둥둥 떠 있다가

네모진 무게 안으로 나를 넣어두려는 미련일지라도
어느 날 흐르는 강물의 찬찬한 넉살로 남고 싶어
행여, 라는 말에 잠시 울긋한 하늘도 열어보지만

글자 하나에 나를 담아두는 일조차
죽을 것처럼 힘들어
가끔은 손가락 사이로 불어오는 공기를 닫아버리곤 한다

## 경안동

시장 골목 베이커리 단팥빵은 단팥이 꽉 차 있다
장을 보고 나면 빵집에 앉아 커피를 마시고 돌아오곤 했다
단맛이 돌았으나 곧 붓도록 이가 시린 밤이면
등 아래 앉아 달이 품은 봄을 생각했다

가라앉지 못하는 상처만 같아
경안천 안개는 해가 뜨는 아침에 사라졌다
먹다 남은 단팥빵이 처음으로 쓸쓸하게 보였던 건
기억에서 오는 몹쓸 병이 또 도진 탓이다
자고 나면 발가락 하나가 없어진 소록도의 눈이
하늘의 소식을 품고 근린공원에도 내렸다

병신처럼 좋았던 그날의 눈
별 아래 단팥 같은 바람이 머물다 갔다

# 내연의 무게

뿌리를 드러낸 가로수가
몇 줌의 흙과 함께 실려 가고 있었다
몸을 드러낸 바닥에 꽃이 떨어졌다
산소를 공급하던 늙은 나무도
한때는 봄볕에 나와 부리를 맞대고 있지 않았을까 결국,
밑동이 잘리고 빛깔이 수그러든 제 것을 모아
소금밭에 앉아 몸을 태우지 않으면 병이 되기에

상처를 받아내기 위해 나무는 바람에 기대어 있었을 것이다
새떼가 떠나는 시간에 맞춰
달이 뜬 밤이면
모진 것들도 소란스럽게 뒤엉키던 내연을 넘겨주듯

한 삽의 흙과 함께
세상 가장 가벼운 무게로 실려 가는
저 붉은 속살
마른 흙 툭툭, 털어내며 달의 하중(荷重)을 견뎌내는 중이다

# 거꾸로 읽는 편지

소양호 계곡으로 가는 길
기억의 매듭이 간격을 잃고 말았다
울음보따리 풀어놓듯 넘실대는 산자락들
봄볕이 좋아 망설이던 사이
묵언수행 중이던 먹보 행자의 겨울은 차고 외로웠다
다시는 돌아보지 않겠다던 서울살이였다는데
초록이 짙고 다시 겨울이 찾아오던 해
그는 새벽에 핀 고드름처럼 투명한 결을 따라 처소를 옮겼다

지워진 숲의 얼굴도 있었다
불 그림 그리는 친구는 청평사 사천왕 옆에서
사문(寺門) 대들보를 물려받은 후
삼십 년 넘어서니 아들 하나 생겼다 했고
계곡의 얼음결을 따라
숨 죽여 읽고 또 읽었던 설경(雪景) 속 편지

나는 그해 겨울을 견디지 못해
호젓한 연못에 편지를 띄웠다

산사로 가는 첫배

거꾸로 가는 방법을 몰라 젖은 매듭으로 나풀거렸다

# 풍경

그날의 테라로사에 놓인 앵글, 흑백처럼 생각이 저만치 있었네

나빠진 시력을 달래며 울먹이는 라떼엔 강변 안개가 물들고

토핑 가득한 이탈리안 피자엔 텅 빈 수레를 읽고 가는 구름도 보이다가

데스페라도를 들을 땐 내가 나에게 건네는 미안한 청춘이었다가

페스추리를 먹을 땐 겹겹의 날카로운 비늘에 찔린 비극적 인연을 떠올리다가

원두가 좋다는 테라로사에 가서
원두보다 더 좋은 것만 먹이다가 돌아가신 그녀의 아버지를 떠올리다가

조각 케이크를 먹으며
헤어지고 난 후 그녀와 걸었던 길이 꽃길이었다가

카페 앞마당에 수국이 피다 말았네
겨자씨보다 작은 얼룩을 들켜버린 저녁이었네

## 별, 아버지의 침상

별은 멀고 아득했다
가장 가까운 별이
4광년의 시간을 통과하여 눈에 닿았을 때
나는 그보다 먼 직선의 별을 상상했으나
이미 소멸된 화석이었으니

그리 오래된 일기가 아니었다
아버지는 별이 통과하는 직선과 공간의 새벽에서 흐느적거렸다
고열이 시작되는 온도에 맞춰
빛은 방 안 가득 선명했고
숨을 오랫동안 지켜내고 있었다

별은 직선과 허공에서
수천억 광년을 거슬러 씨앗을 빚어내고 있었을 것이다
아버지는 얼룩이 찌든 침상에 누워 천명(天命)을 이룬 돌이 되어갔다
고름을 힘껏 쏟아내고 난 후

시간 밖에서 빛을 다듬었던 것이다
닿을 수 없는 행성 밖으로 생성과 소멸을 반복하며 천천히,
그리고 또렷한 화석이 되어
별의 화상(畵像)을 빚어내고 있었다

옥수수 껍질 벗기듯 아버지를 돌아 눕힌 후
궤양이 스며든 척추에 짓무른 바람이 펄럭였다

볕 좋은 아침
아버지를 널어 말린 후 가슴에 난 털 몇 개를 뽑아주었다
세상이 태어나기도 전에
오래전 자신을 분류해둔 무수한 공간 밖에서
작은 눈빛 하나 남아 있었다

# 멀리

눈 감은 사랑이여
내가 버린 혹은 나를 버린 사람과 온갖 티끌이여
소리 없는 곳에서 태어나
빛과 어둠은 교감으로 곧 하나가 되고
말할 수 없는 탄식으로
밀려오는 바다를 볼 것이다

나를 안타깝게 했던 사랑이여
그리하여 새살이 돋는
어느 지점에서
우리는 서로 마주 보고 앉아 있을 것이다

# 제2부

## 초음파

달의 점막주름 사이로 푸른 위액이 쏟아졌다
고통의 물질이 촬영되는 순간
허리끈 위에 둥근 달이 떴다
조명이 온몸을 감싸더니
점막 사이로 흰 눈물이 쏟아졌다

틈도 없이 날아가는 새를 잡으려는데
회전하는 달은
아무도 모르게 덮어두었던
성치 않은 위장을 훤히 들여다보고 있었던 것이다

# 영통(靈通) 지하도

출퇴근을 위해선 하루 두 번 지하도를 건너야 한다
서늘한 지하에 앉혀진 노곤함
그 가끔의 안락이 더없이 맑을 때가 있다
정처 없는 걸음만 같아
세상을 잊고 아무도 없는 곳에서 나풀거리듯
잎사귀가 내뱉는 말씀처럼
깨달음의 한 풍경을 얻어 가지는 것이다

숨이 멎는 그날이
서늘한 영통(靈通)의 지하를 서성일 수도 있겠고
욕망의 바다를 기웃거리다가
세울 힘조차 없는 밤이 오더라도
내 속에서 뒹구는 오합지졸의 근황을
영통의 지하에 가둬두는 한 꿈에 젖어보는 것인데

어눌(語訥)이 떠도는 삶의 행간에서
해가 기우는 뜻조차 맘에 들어차는 것은 아니니
어쩌면 영통 지하를 맴도는 순정에서 목숨을 그치더라도

지상에서 하늘까지
가까운 역만큼의 거리를 두는 영통(靈通)이겠다 싶어
습한 그늘에도
더없이 맑은 처량을 반기는 것이다

# 문과 문

문은 나의 또 다른 분신을 매일같이 밖으로 내보냅니다
몸뿐만 아니라 정신의 고리마저 가끔 차단할 때가 있습니다
문고리에 매달려 발버둥치지만 소용없을 때가 많아
문 밖의 나와 문 안의 나는
서로 용서할 수 없는 벽으로 만들어버릴 때도 있습니다
안에서 들리는 소리는 깊고 고요한 소리를 만들어내지만
밖에서 불어오는 바람은 항상 뼈를 긁어내는 흰 가루 냄새가 납니다

둘이 하나가 되는 것은 뭐든지 어렵습니다
문 안의 나와 문 밖의 내가 서로를 위로할 수 있다면
그리 어려울 것도 없겠지만
문 안의 내가 문 밖에 있는 나를 대할 때면 세상은
뭐든지 어렵게 느껴집니다

커피를 앉혀 놓고
지붕 아래로 스며드는 묵시를 들여다보기도 합니다
문 안에 있을 때는 오히려 외롭지 않으며

문 밖에 있는 나는 안에로만 숨어드는 나를
자꾸 그리워하게 만듭니다

겨울이 왔고
사랑도 한때의 일이라 여겨졌는데
가고 없는 아침이 오면
내 안의 문은 떨고 있는 우두커니였습니다
문을 나서는 초겨울 눈밭을 걸으면
남의 일처럼 여겼던 일들이 내 안의 문마다 널려 있습니다

# 던져진 이유

일을 마치면 방향을 잃어버립니다
마음만으론 수천 갈래의 바다를 헤집고 나왔다가
비곡(悲谷)을 떠도는 것인데

반듯한 건물을 끼고 돌아설 때
다른 세상을 꿈꾸는 허망에 빠져버립니다

최소한의 안부를 묻는 사람이
저녁에는 없고

도시의 윤곽과 그림자가 섞인 밤이 되면
골목에 들어 마음의 진저리를 들춰내고 맙니다

견디는 일이 다반사임에도
있는 힘 다해 흔들리는 이파리의 저녁을 보면
스스로에게 허물을 넘겨주는 어이없는 일이 되고 맙니다

오늘만 살고 싶다가도

세상에 던져진 뜻을 어쩔 수 없어

참나무 벤치에 앉아
참나무가 견뎌내는 제 몸의 뜨거움에
내 몸도 덩달아 뜨거워집니다

# 선부른 저녁

방향을 정하지 않고 떠나는 날이 있었다

확률과 운으로 점쳐지는 조합인 것 같아
연고와 인연을 찾을 수 없는
되도록 사랑을 잃고 떠돌았던 언덕이나 숲으로 가고 싶었다

목적을 모르는 삶에 적당한 휴일
대합실에서 두 시간을 서성이며 신이 우리에게 넘겨준 협소를 염두에 뒀다가
몇 해 전 낯선 읍내를 지나면서 보았던 풍경이 생각났다

오일장이 파하는 무렵이었고 상인들은 식은 커피를 나눠 마셨다
종일 비슷한 태도로 방을 나눠주었을 여관 주인의 꼬부라진 말투가 친근했다
내려놓고 사는 것은
마음이 흔들리는 순간을
버려둘 수 있다는 말을 새겨두는 사이

가마치 통닭집에선
기름에 부풀려진 내막이 튀겨져 나왔다
스스로 용서가 안 되는 나의 비겁과
오랫동안 아팠던 길에서 만난 흐린 기억이 자꾸만 떠올라
방향도 없이 떠내려 온 나에게
우연이 만들어낸 극진하고 뚜렷한 목적이 되고 말았다

마지막 손님이 다녀간 장미 미용실엔 암모니아 냄새가 문밖에 서성였으나
나는 어떠한 정서도 읽어내지 못하였고
생의 확률 너머와
어색한 길 사이에서 선부른 저녁처럼 쓸쓸하게 뉘우쳤다

## 날벼락

땡볕 아래 소나기가 내렸다
사람들은 날벼락 맞았다며 가방과 손을 머리에 얹었다

사람을 떠나던 날 밤엔
사소한 물음으로 인해 숲으로 가는 날이 잦았고
전염병이 심한 날엔 외출을 하지 않았다
다음 주엔 더 중요한 말을 전하겠다던
죽은 설교자의 마지막 설교,
2분 뒤에 도착 예정인 마을버스 정류장에서
고장 난 알림인 줄도 모르고 한 시간을 넋 놓고 기다리던
그 날벼락 같은 밤
빽다방에 앉아 그날의 날씨와 어울리는 근사한 비유가 떠올랐다가
채울수록 멀어지는 것도 많아서
보이는 것들 안에 담겨진 내막을 읽고 가는 소스라침에
내가 또 날벼락을 맞은 듯했다

# 잠

오후의 볕이 투명했다

수치를 낮춰주는 알약을 먹고 난 후
고정관념 사이에서 헛갈렸으며
근사하게 죽는 방법과
한 사람과 겨울 바다에 가는 상상도 했다
잠을 청하지 않는 시간엔 서쪽에서 뜨는 해를 볼 수 없었고
외로움도 죽지 않을 만큼에서 길들여졌다

내 생이
잠으로만 있으면 좋겠단 생각이 들어
비문의 혼으로 수천 년을 맴도는 바람이라도 괜찮다 싶어
나를 넘겨주려는 오후의 냄새에 기대고 있는 것이다

옥(獄)에 갇힌 사람의 고백을 읽다가
우린 모두 이파리로 내려와 울부짖다 가는 게 분명하여
서로의 부피를 나누며 한때를 스며드는 것이다

## 신은 나와 함께

부사관을 준비하는 고3 아들 녀석은 15cm의 문신이 화근이었다

체력은 전교 일등이라는데 팔뚝에 새겨놓은 '신(God)은 나와 함께'라는 한 줄이

어쩌면 함께 해주지 않은 모양이다

하늘을 향해 떠나지 못하는 쓸쓸함이었을까

하루가 멀다하고 문신을 지우려는 아들의 앞날을 위해

신이 함께 해주기를 빌어주었다

문득

하늘의 음성이

내 안으로 들어오는 상상을 하다가

소스라쳐 내 몸에 붙은

미세한 신경세포 하나 거둬내지 못하는 아둔함에 몸서리를 친다

지워야만 살아갈 수 있는 세상이 온다는 걸 알 때쯤

빛은 그늘의 또 다른 이름인 것을

함께한다는 건
버려지는 일에 익숙해져야 한다는 사실을
아들의 세상이 다만 표적만 같아
지평 어딘가 소멸의 쓴 열매 하나 거둬들이기를

신은 나와 함께,
아들의 세상을 떠도는 잔혹한 그 말

# 폭염

삼십팔 도의 폭염
구름은 멀리 눈으로만 보였다
삶도 폭염만 같아
피다 만 인동초 꽃말이 열기에 붙들려 간 후
사소한 사연에 골몰하다가
뭐든지 땅에 던져진 법칙 같은 걸 생각했다

바람이 비문(碑文)을 읽고 간 무덤
죽은 이가 걸었던 골목이 착한 길이고
낭만적인 배경이었다는 걸 알았다

흔들리는 마음이
폭염과 같아

보도블록을 보수하던 아버지 닮은 인부의 손마디를 떠올리다가
해거름 공원에 앉아
내게 건네는 혼술도 나누다가

강가에 앉았다 돌아온 날
허물로 버려진 방 안의 기물(器物)이
폭염을 마다않는 지친 울음의 속살로 내비쳤다

## 초월역

막차를 놓치고 말았다
문득 사소함에 발목을 잡힌 일들이 떠올랐다
오해와 이해 사이를 서성이던 오랜 철로 사이
고비마다 마음의 벼랑에서 들끓었다

꿈꾸는 식물의 마음으로
정권 말기엔 다른 세상이 올 거라 믿었던 때도 있었다

지워진 이들의 여운이 깊은 속살을 파고들더니
초월역을 배경에 두고 깨알 같은 머뭇거림이 몰려왔다
텃밭에 나온 무덤 같은 새벽이었다면
그건 하늘이 내게 준 선처였을 것이다

초월을 싣고 떠나지 못하는 초월역
헛배로 떠나는 토막 한 개비의 겨울 어둠인 듯
역사(驛舍)를 떠나지 않던 비릿한 여운이 광장 가득 번졌다

오해와 이해 사이를 걷다가

모든 뒤태는

배후가 있다는 걸 생각해두었다

## 말없이 살아가는 것

나무 그늘에 앉아 나무가 하는 말을 듣자니
아무 말이 없습니다

당신이 내 안에 있었을 때
무수하게 쏟아내던 말이 있었습니다

나무가 바람에 흔들리는 걸 보고 있자니
나무는 받아내는 일 외엔 아무것도 하지 않습니다

속으로만 간직해 두기를 바랐었는데
일곱 번을 두드려도 문이 열리지 않아
담기 힘든 말로 인해 무너지는 자구책을 써야만 했습니다

나무그늘에 앉아
나방의 성충이 나무의 살을 깎아내는 걸 보고 있자니
나무는 상처를 키워내는 일 외엔 아무것도 하지 않습니다

지면을 버리고 짐을 챙겨

한때 수몰지구였던 근처에 가서
잎이 떨어지는 속도에 맞춰 눈물이 내려앉을 때였는데

나무가 내게 쏟아내는 말이 너무 많아
아무에게도 말하지 않고
종이 한 장에 달빛만 얹어 돌아왔습니다

# 장마

보이는 것을 모두 마음에 담을 수는 없는 것이라서
연신 사진을 찍어대는 딸아이는
어릴 적 탈장으로 개복 수술을 한 이후
성인이 되어선 화장이 점점 짙어졌다

곧 사랑에 무너질 딸을 위해
잠이 오지 않는 글 한 줄 남겨두는 자정 무렵인데
아비가 없는 동안만큼 키가 웃자란 딸은
바다를 보며 무슨 생각을 하냐는 말과
뭐가 제일 고민이냐는 말을 먼저 걸어왔다

입술을 깨무는 시간이 잠시 흘렀고
아무에게도 말할 수 없는 딸의 성장통을 생각했다
다만 무심히 견뎌내는 게 최선이라고 말했을 뿐

연한 감정이 파도에 섞이다가 장마가 시작되고
그날따라 힘들게 새벽이 왔다

# 강에 나선 날

무늬가 너울대는 한 지점에 이르니
잡풀 속에 자리를 들어 취객처럼 경(經)을 읽고 있는 겨울이었다

백송(白松)이 허리를 펴고 꽃대를 밀어내듯
매연을 뿜고 사라지는 덤프트럭은 세상 저편에서 마른 흙을 쏟아내었다

단식(斷食)처럼 왔다 가는 세상인데
뿌리를 박고 영혼을 다독이는 눈빛이었나
어둠을 무릅쓰고 걸어가는 한 사내가
타버린 참숯 하나를 던지고 갔다
눈물겹게 살아온 불빛이었다

# 허물을 통과하는 소란

어둠끼리 살을 맞대고 온전한 무엇에 기댈 때
온기를 품은 매미 소리는
누구의 허물을 받아내는 목청일까

아무도 없고
어느 누구도 있으면 안 되는 새벽 정거장
실개천을 뒷목에 감춘 섬뜰교 너머엔
고요가 남긴 슬픈 뒤태로 서성이다가
오늘에서야 내 눈에 들어찬 풍경을 펼쳐 들었다

팔자에도 없는 몸이 뒤엉켜
목불좌상(木佛挫傷)의 염주를 꿰고 있던 매미는
우는 방향에 맞춰
허물이 깃든 내연의 짝을 이루고 있다

사랑에 실패한 울음이었다가
고비를 넘나드는 밤이 오고
한세상 떠메어 흐르다,

경계를 허물며 읊어대는 경전(經典)을 펼쳐놓은 것인데

슬픔도 한 밑천이라서
몸을 헹구는 적막으로 왔다가
다른 세상을 잇는 들끓는 소리로
죽음도 불사하고 빛나는
저,
바스러지는 소란

# 어떤 순간

마음에 몰아치는 날엔 자주 눈에 충혈이 온다

한순간도 존재였던 적이 없다는 생각과
무엇이 되거나
혹은 무엇으로 남아야 되는지가 분명하지 않아
바람 드는 곳에 물든 붉은 목단처럼

나와 만나고 헤어졌던 십수 년의 세월에 관한 영상이 드나들었던
그 길었던 시간이 스친 건 몇 초에 불과하다
충혈이 지속되는 것에 맞춰 허공에 오르는 일처럼
아득함이,
말할 수 없는 의미심장이 들어차는 듯하다

그때보다는 달라진 모습으로 인생은 와 있었고
가늠할 수 없는 방향을 향해 있겠다는 다짐도 하지만

위태로움이었거나

멀리를 향한 마음을 붉게 쳐들고 둥둥 떠다닐 때
소리 밖을 떠나지 못하는
짐승의 울음 하나가 있었다

# 슬픔의 역설

자기 증명이면서 흔한 방식의 부호였다

슬퍼할 때 솟아나는 마음의 돌기가 있다
눈물을 쏟고 난 뒤의 희열과
장례를 치르고 나서 허기가 오는 것처럼
슬픔 안에는 나를 채워 나가려는 욕망이 깃들어 있다

누군가를 불러보는 일
불을 피워놓고 불꽃이 이는 바람을 따라 눈을 던져주던 일

버려야만 가질 수 있는 것들도 있어서
아파야만 얻을 수 있는 치유도 있어서

지루하고 통속적인 고백이
수천 편의 시보다 훌륭한 건
안으로 밀어 넣어주려는 지독한 것들이 들어차 있어서다

미친 듯이 밤길을 걸어본 사람은 안다

내 안에 파고드는 소용돌이에 몸을 맡기는 게
허망을 채우는 가장 편한 방법이라는 걸

## 나의 시

선혈(鮮血)이 고인 손가락 끝에 소독약을 바르다가
스쳐간 사람이 남긴 공백과 마주할 때
저녁상을 물리고 난 후의 적막이라 해도 좋을까
잦은 선잠에 밤이 깊은 줄도 몰랐던 몸부림이라 해도 무관하고
지나간 청춘의 무수한 맹목 앞에 처절해지다가
얼마나 많은 눈물이 고여 있을까
겨울 강가를 드는 새떼의 귀향처럼
별거 아니라는 호접몽(胡蝶夢)에 이르는 것도 그닥 나쁘지 않겠고
선홍빛 그리움으로 마지막을 준비하듯
그렇게 유고의 시 한 묶음 머리맡에 두는 것인데
남아 있는 생이
버티지 못할 것 같은 세상보다 길어
당분간 비 내리는 새벽에 나와 비에 젖는 게 좋아
안타까운 꽃말 하나 숨죽여 떠돌고 있느니

# 제3부

# 설명할 수 없는 문장들

나를 잊은 한 사람의 눈에선 눈물이 고여 있다 하루의 끼니를 벌어먹는 늙은 대리기사의 왼쪽 다리는 비대칭이었고 수천억을 가지고도 소독약 하나 제 손으로 못 바르는 노인은 오늘의 증권시장에 평생을 바쳤다 말귀 어두운 어머니는 통화가 시작되고 끝이 날 때까지 몸조심하라는 말만 되풀이하셨다 늦은 저녁 망포동 술집에서 사는 게 힘들다는 친구의 전화가 왔고 지하철 좌석엔 젊은 여자의 토사물로 얼룩이 들었다 비가 내렸고 늦은 밤엔 설명할 수 없는 문장들이 명치에 내려앉았다

## 택배

파업이 끝났고
눈을 밝게 비춰줄 스탠드가 도착했다
삶에 대한 밝은 이해가 필요했던 것인데
상자를 놓고 간 그에 대한 이해는
파업이 끝나도 달라지지 않았다

바다가 보이는 기슭에서 보내온 늙은 어미의 편지
혹은 잠든 아이를 뉘이며 막차가 끊어지기 전 돌아오겠다던 마음이
혹은 깡마른 놈과 눈이 맞아 짐을 싼 아내를 포기해버린
또는 고독사를 준비하며 남은 며칠을 더 살고 있을
아니면 치솟는 집값에 사랑을 포기한 청춘이었을
그런 택배

절체절명의 속속들을 문 앞에 두고 간 통로엔 바람이 서성거렸고
파업은 끝났으나
기한 없는 삶으로 인해 빈 상자의 여운과 마주하는

기막힌 이 시대의 허기

나는 조금 더 두툼하게 스탠드 밝기를 조절한 후
별수 없이
간격 사이에 허망한 그림자를 앉혔다

## 세기말

처음부터 경계가 없는 하늘과 땅이었다
고요가 있었고 천둥도 있었다
비극적인 무대였지만
바다와 산 너머엔 강이 흘렀다

떠난 사람의 뒤편에서 흘렀던 강물이
내면을 담고 있었다고 말했다

열이 하나가 되고
그 열이 반쪽으로 나눠질 수 없다고도 했다

당신이 앉아 있는 곳에서
세상이 보였던 건
내 한 몫의 넓이에서
먼지로 내려앉는 소리를 몸 안으로 받아들이는 것

처음부터 아무것도 아닌 밤이었다
다만 여기는

매듭이 없는 끈의 나풀거림으로 허공에 매어두는 꿈

숨을 내뱉는 아침과 저녁엔
증명처럼 새가 날아올랐다

# 소멸에게 주는 먹이

오늘의 날씨는 소멸에 가까운 것이었다

장례 마지막 날 조문이 끝나고
옥수수처럼 박혀 있던 사람들은 상처를 안고 돌아갔다

내가 안고 살았던 상처도 있었고
내가 주었던 아픔이 그보다 더 많았다

사라진 것이 많았던 만큼
그리움의 순간도 늘어가는 법

먹구름이 홀로 앉은 방 안에도 들어차 있다

가을이 왔고 겨울의 시름이 날 기다렸다
사랑을 잃은 만큼
소멸에 가까운 처마에 오늘의 날씨가 기막히게 어울렸다

내가 부리고 살았던 사람의 이름이

비로 가득 내릴 때까지
내 속의 소멸들에게 먹이를 주고 싶은 것이다

## 나무와 흰 곰

폭설 내린 향나무 밑동에
누군가 빚어놓은 흰 곰의 얼굴이 있었다
그 흔한 눈사람을 곁에 세워둔 것도 아닌
둥지를 틀어놓은 곳에 먹이를 놓아주듯
흰 곰 한 마리가 입을 벌려
나무 밑동에 숨결을 불어주고 있었다

그늘에 모아둔 바람의 찌기를 널어
새벽에도 아랫도리를 감싸고 있던 품이었을까
밑이 따뜻해야 제 구실 한다면서
불쏘시개의 화근을 남기고 떠난 어미의 속곳처럼

소스라쳐 기우는 몸살을 어쩌지 못해
대낮에도 나무의 혈을 핥고 있는 차가운 온기
거기, 흰 곰의 얼굴이 향나무 밑에 기대어 있었다
그늘 둥지를 감싸듯 입을 벌리고서
빛이 녹여내는 외눈박이로 살아왔던 삶이었는데
그리움의 키를 거들어 곁이라는 생으로 와 있었다

눈 내리는 영하의 일기가,
숲이 되지 못해 먹구름으로 되돌아온 날
향나무 밑동 근처를 서성이던 걸음도 있었고
밝은 귀동냥을 얻어
모든 것에 소리를 붙여주고 싶은 날도 있었다

겨울이 흰 곰을 품어
내 눈보다 먼저 와서 세상을 읽고 있었다

# 풍동에서 부는 바람

누이는 동그랗게 누워 날카로운 칼날로 밤을 도려냈다 비늘 같은 속살을 들춰내는 풍동에서 구겨진 종이처럼 울어대는 구름이었을까 꽃다운 나이에 겨울보다 차가운 마중물로 세간을 살았던 그리 오래되지 않은 계절에 누이는 어린 동생들이 나가고 없는 사이 차가운 아랫목에서 남은 평생의 고름을 키우고 있었다 아파야 자라는 게 생의 속사정인데 누이의 진물은 바람에 붙들린 진눈깨비만 같아 아픔보다 뜨거운 속살을 내비치고 있었다 풍동에 사는 누이의 병동엔 면목 없이 내어주어야 할 목숨도 쓸려 다니는 바람일 뿐 늦도록 치닫는 열병이 만들어가는 세상인데 오늘따라 바람 많은 풍동 어귀엔 내 유년을 지켜주던 골목이 나부끼는 벽에 부딪혀 방향을 찾지 못하고 있었다 속병을 앉히지 못하는 떨림이 어디 피우지 못하는 꽃에만 있겠는가 바람 많은 풍동에 맘을 두고 떠나며 그 겨울의 유년이 다시 와서 따뜻한 아랫목 하나 비워두고 싶은 밤이 드리워졌다

## 이사

내가 나에게로 이사를 했다
한 달여 수소문이었는데
한 번도 가본 적 없는 곳이었다

방을 들이고 세간을 모아 가급적 구석으로만 채웠다
그 방에서 읽었던 카프카를 가까운 곳에 꽂아두고
나머지 공간은 여운으로 남겨뒀다
시끄럽게 하지 말아 달라는 집주인의 명령을 받들어
있는 힘 다해 숨죽이고 살아야 했다

가당찮은 무게로
약한 힘을 밀어 올리는 새가
하늘 밖으로 튕겨져 나가지 못하는 것처럼
통로가 막혀 소리는 안으로만 맴돌았다

내가 나에게로 이사를 왔다
그늘이 그늘에게로 몸을 숨겼다

## 하늘의 봄

말할 수 없는 탄식과 깊은 수렁에서부터 오는 것이었다 침묵이 허락된 사람의 울음이 돌무덤 주변을 기웃거리다 태초부터 예정된 모형은 표적으로 사라졌다 보이는 빛은 칠흑보다 어두운 점이었다 반짝이는 점등, 텅 빈 바다와 세상을 향하는 새는 하루를 못살고 헤어지거나 사라졌다 둘로 나눠진 세계는 결국 하나의 가지에서 얻어온 것들이었다

아비를 원망하던 아들은 목단이 수북한 언덕에서 사라졌다 물은, 건져낸 자들을 위한 축복이 아니라 잔인한 죽음을 향해 떠나는 뼈아픈 저주였으며 모든 것은 거꾸로 매달린 상징으로 무너지고 있었다

광장을 울리던 스피커는 소음으로 가득하였고 눈에 비친 꽃과 죽은 자의 꿈에 나타난 건물은 눈부시게 화려했다 진실이 되는 것은 허상이 있어야 마땅하듯 실체는 무수한 꽃의 눈을 가리며 피어난다 탁발승의 깊고 묘한 화두나 신이 되어버린 양복 입은 천사의 온화한 미소는 강물이 흐르는 일처럼 지극히 사소하며 땅은 남은 생을 영원히 옥에 가둬버렸다

어둠이 강물에 풀어지면서 일체의 적막이 소름처럼 일어서는 날이었다 소리 없는 진공으로 하늘의 봄이 찬란히 내려오는 거였다

## 합장(合葬)

음식물 수거함 한 쌍이 놓여 있었네
잎사귀 하나로 서로의 배설을 가려주듯
부풀어 오른 내장을 솎아내며 염(殮)을 하고 있었네

유골함 옆 빈자리를 채워줄 누군가의 무른 뼈는
하늘이 지어준 짝을 설명하려는 뜻이라지만
죽음은 쉬운 일이 아니면서
밤눈을 맞이하는 겨울나무 그대로의 내려앉음이었네
살과 뼈를 맞댄 사랑도
각자의 몫으로 떠도는 외로운 궁합이듯
보이는 것으로 가둬버려
숨겨둔 그윽을 찾지 못하는 병동만 같아

우주로 자리를 옮기는 귀향길
가난이 복이라는 말씀은 배설로 버려두었다가 채워지는 역설이었으니
사랑은 고통의 잎을 떼어내 주는 것이 아니라
뒤섞임으로 채워가다가 빛 하나 던져주는 것

빈 의자가 나와 있는 텃밭을 배경으로
내외는 마지막 온기로 서로의 관(館) 뚜껑을 덮어주었네

한 세상 고름으로 피워 올리는 서늘한 향
하늘이 된 합장(合葬)으로 세상 밖을 향하고 있었네

## 이롱(耳聾)

여름 땡볕을 견디지 못하고

지렁이 수백 마리가 보도블록에 나와 있었다

들을 수 없는 울음이 흔한 날이었다

# 내려오는 하늘

화려하게 핀 꽃을 보며 미소 짓는 세상보다야
무너진 담벼락에 기대
오소리 먹이가 된 거미 목숨이
더 뜨거울 때가 있어서

이파리 하나가 씨를 품고 있다
난태생의 밤이 찾아오면
씨가 자라 하늘이 되는 거라는데
점으로 시작된 씨가 너무 작아
보이지 않는 명멸을 마주하는 거라는데

생사의 고비가
한끝 차이도 안 되는 허물임을 알았던
한 사람이 떠난 후
찬란히 내려오는 하늘이
있는 힘 다해 지는 꽃을 받들고 있다

## 처음과 끝

당신이 서 있는 저만치에서 눈이 내렸다

어느 녘에서 흔들리다가
목적을 둔 뜨거움이었다가
결국이라는 떠올림 같은 것들이
처음과 끝 사이에서 흔들렸다

바람의 습기를 안고 떠나는 끝물
어느 순간엔 헐거운 무게로 와서
오솔길 언덕에
따듯한 손등에도 내려앉았더랬는데

이번 생엔 다그치는 눈발로 끝나더라도
햇살 드나드는 마당
면목 없는 얼굴로 눈이 내려와 있기를

나는 어떤 배경 속에 있었고
창문이 보였던 영하의 벤치엔

파르르 떠는 편지 한 장이
폭풍을 무릅쓴 풍경처럼 아득했다

기억이 흐려질 만큼 눈이 쌓인 후
눈의 알갱이를 그러모아
불을 지피는
처음이었다가
흩어지는 마지막 사랑이 있었다

# 할배 자전거

얼어 죽은 새
툭툭, 튕겨 나간 자전거 파편
할배는 죽고 할매 혼자 살아내야 할 텐데
바람은 풍문(風聞)처럼 사나웠고
할배 자전거는 바람 곁에서 누진 몸을 말리고 있다

안개를 활보할 때면 자전거는 어린아이가 되어주었다
밤이면 아이를 안고 구석구석 닦아주었으며
다리가 시원찮은 날엔 데리고 다니지 않았다

힘겨움을 물려주기 싫은 거였다
겨울 안개가 환락의 거리를 덮고 있을 무렵
할배는 밭 도둑이 일을 마치고 사라질 때까지 지켜보았다
자전거를 앉혀두고 방으로 들어온 할배는 아무 말도 하지 않았고
할매는 할배가 가면 자전거와 함께 묻어주겠노라고 진심처럼 내뱉었다

도라지는 늙어서 꽃이 되었고
할배가 떠난 후미진 도로에
자전거가 그를 덮고 있었다고 했다
할배 척추를 닮은 헝클어진 체인
무너진 자리가 아픈 건
넋이 땅에 묻혀서 슬픔을 키우기 때문이란 걸 알았을까
할매는 가마솥 한 가득
토실하게 찐 감자의 여운을 호호, 불어가며 식혀주었다

# 행랑채

어미 거미가
비탈을 이고
촘촘한 실을 꿰매어
새벽에 짠 이불을 지하도 한쪽에 펼쳐놓았다

안으로만 향하는 빗질을
구석진 타일 천장에 걸어둔 것인데
부릅뜨고 살피는 내 눈은
바깥으로만 꿈틀대는
말더듬이의 겨울 빗장에 걸어둔 것이었다

우주를 운행하는 그물의 시간
거미의 돌기가
새벽잠을 덮을 듯 지붕에 걸어둔 촘촘한 빛

신발 밑창에서 바람구멍만 훤히 내비쳐
그물이 채워놓은 결의 무게를 잊은 채
오직

벌어진 틈에 앉아
하늘만 우러르고 있는 마음 근처에

빛 아래 걸어둔 행랑채
몸이 박힌 거미가
안으로 말린 그물을 엮어
어린 자식의 배를 채우는 것이다

## 누각(樓閣)

고깃배는 잦은 풍랑 소식에 낮잠을 청했다
바다가 석고대죄 중이었다면
변사(變死)로 물든 섬은
어미의 화냥질을 탓하지 않는 어린 자식이다

섬이 보이는 허공에 덧보자기 하나
아득한 무심결이었으나
이곳은 수국이 마른 천지를 이루었고
꿈에 보니
사철나무 숲은 창세 전에 정해두었던 묵화(墨畵)였는지도 모른다

하늘은 이전부터 텅 비워졌고
생은 거리를 떠돌던 가난한 청춘을 욕보였다
노비 시인의 외로움이 이곳에도 와 있지 않을까 싶어
하찮은 붓놀림이라도 흉내를 내볼 참이었으나
누각은 목숨을 다해
외발로 서서 늘어진 낮잠을 청해 마지않았다

범접(犯接)이 허용되지 않아
나는 평생
껍질만 벗겨내다 제 울음에 소스라친 몰골이었다

시간 바깥에
햇살이 그림자를 토하고 난 후 누각은
묵은 현판으로 바다를 옹립하고 있다

# 신경통

깨밭 옆집에 살던 여자는 땅주인이 해먹으라며
던져준 깨밭에 재미를 붙였다
주인이 심어놓은 체리나무 옆
이불 몇 개 펼쳐놓은 크기의 땅
비가 잦아 밭고랑에 물이 들어찬 날엔
손톱만 한 볕을 짓이겨 조금씩 물들여주었다
깻잎이 무성해지기 전까지
서러운 깨의 눈들이 고름을 거둬들였다

질긴 팔자였다
술병으로 남편은 세상 등을 졌고
큰아들놈은 사투리가 심한 여자와 살면서
바다가 보이는 기슭에서 편지를 보내온다 했다
신혼엔 깨가 쏟아졌으나
마디가 꺾이는 관절은
우기(雨期)에 젖은 밭고랑을 닮아 하관(下棺)처럼 골이 파여
있을 무렵
목련이 피기도 전에

웃자란 깨를 하나씩 여미어갔을 때
구름이 끌어주는 황망한 길에서도 허리를 풀지 않았다

등불과 맞닿아 그림이 펼쳐지는 순간에도
신경통을 앓는 깨 향기가 주름처럼 펼쳐졌다

# 내려앉는 빛

사람들이 웅성거렸다
저 새는 왜 날지 못하고 어둠에 앉아 저러고 있냐고

황망에 드는 어둠이었나
가여운 날개에 대고 뱉어낸 사람의 말은
그냥 웅성거림으로 떠다녔다

두루마리처럼 펼쳐놓은 세상을 내어주었던 건
어둠을 읽고 가라는 착한 비유였으니

새의 날개가 묻힌 자리에 앉아
흩뿌리듯 먹이를 주고 간 눈물이
개천 돌다리에 반짝이다가
날지 못하는 세상에 길들여진다는 걸 알고 있어서

누군가의 마음으로 내려앉는 빛도 있었다

**해설**

# 변두리에서 응시하는 시의 숭고함 혹은 사소함

우대식 시인

오랜 기간의 공백이었으나
멀지 않은 날들의 기록이다.
예민하지 못했던 삶에게 값을 치르는 시간이었거나
스스로 익숙해지는 허물이었다.

보이는 것은 뭐든지
감춰진 내막으로 번져 있다.

내 언어가
세상의 소리를 읽다가
낮게 엎드리는
사소한 흔들림이었으면 좋겠다.

—「시인의 말」

'시인의 말'을 읽으며 시를 쓰는 자들이란 분명 세계의 비의를 들추어 보려는 자들이라는 사실을 다시 한 번 돌아보게 된다. "보이는 것은 뭐든지/감춰진 내막으로 번져 있다."는 문장은 사물 혹은 세계란 그 무엇도 이면의 내막을 지니고 있다는 의미로 읽힌다. 무릇 시인이란 바로 이 감추어진 세계를 뒤집어보고자 하는 자들이다. 이규보는 시마(詩魔)의 다섯 가지 죄상을 말하며 그 가운데 하나를 다음과 같이 지적하였다. "천기를 누설하면서도 당돌하여 그칠 줄 모르고, 사람의 마음을 꿰뚫어 세상을 놀라게 하는 죄다. 삼라만상은 저마다 조화와 신비를 간직하고 있다. 그 신비를 염탐하고 천기를 누설하는데 거리낌이 없다." 저도 모르게 천기를 누설하고 보이지 않는 것을 꿰뚫어 보는 자가 시마에 들린 자들이다. 어쩌면 이 시집은 감추어진 내막을 들추어 보고자 하는 욕망으로 구성되었는지도 모른다. 이 시집 전반에 흐르고 있는 추상성에 대한 탐구도 이러한 곳에 근원을 대고 있다. 그러면서도 자신의 언어가 "낮게 엎드리는/사소한 흔들림이었으면 좋겠다."는 고백은 고졸하면서도 단아한 풍미를 띠고 있다 할 것이다. 내막을 읽어가는 사소한 흔들림이 그가 지향하는 시세계라 할 것이다.

선혈(鮮血)이 고인 손가락 끝에 소독약을 바르다가
스쳐간 사람이 남긴 공백과 마주할 때

저녁상을 물리고 난 후의 적막이라 해도 좋을까
잦은 선잠에 밤이 깊은 줄도 몰랐던 몸부림이라 해도 무관하고
지나간 청춘의 무수한 맹목 앞에 처절해지다가
얼마나 많은 눈물이 고여 있을까
겨울 강가를 드는 새떼의 귀향처럼
별거 아니라는 호접몽(胡蝶夢)에 이르는 것도 그닥 나쁘지 않겠고
선홍빛 그리움으로 마지막을 준비하듯
그렇게 유고의 시 한 묶음 머리말에 두는 것인데
남아 있는 생이
버티지 못할 것 같은 세상보다 길어
당분간 비 내리는 새벽에 나와 비에 젖는 게 좋아
안타까운 꽃말 하나 숨죽여 떠돌고 있느니

—「나의 시」 전문

메타적 성격을 지니는 이 시는 자신의 시의 원적(原籍)이 어디인가를 암시적으로 보여준다. "스쳐간 사람이 남긴 공백" 혹은 "저녁상을 물리고 난 후의 적막" 등으로 변주되는 자신의 시에 대한 문학적 비유는 상처와 비애의 표정을 담고 있다. 이러한 정서적 반응은 어떤 결핍의식을 동반하고 있다. 물론 그 결핍이 겉으로 드러나는 경우는 거의 없지만 "지나간 청춘

의 무수한 맹목"과 같은 시구를 통하여 보다 가치 있는 삶을 향한 젊은 날의 방황이 그의 시적 뿌리라는 것을 알 수 있다. 그의 시에 고인 비애의 표정은 처절한 방황을 동반한 "눈물"로 상징되어 있다. "겨울 강가를 드는 새떼의 귀향"은 그의 시가 상정한 근원적 세계라 할 수 있다. 겨울로 상징되는 고난 속에서도 귀향을 향한 새떼들의 비행은 그의 시가 다다르고자 하는 지향과 등가적인 의미를 지닌 것으로 보인다. 치열한 방황과 몸부림 끝에 도달한 겨울 강가의 귀향이란 무한한 자유와 열림의 이미지를 준다. 시인에게 시란 이렇듯 비애와 자유의 형식으로 틈입되어 있지만 그것은 죽음과의 교환의 형식으로 존재한다는 사실에 주목해야 한다. "선홍빛 그리움으로 마지막을 준비하듯/그렇게 유고의 시 한 묶음 머리말에 두는 것인데"라는 시구에서 보듯 시적 주체에게 시란 생의 마지막을 결산하는 형식을 취하고 있다. 치열한 시적 인식은 시적 주체로 하여금 안식 혹은 정주와 달리 끝없이 혼돈의 세계를 헤매게 한다. "비 내리는 새벽에 나와 비에 젖는 게 좋"다는 고백 속에서 시를 향한 무모한 육박을 느끼게 된다. 세계에 대한 이 싸움은 겉으로 보기에는 무탈하게 보일지 모르지만 불타오르는 내면의 기록이라 할 수 있을 것이다. 그것은 '나는 누구인가' 하는 물음과 같은 층위의 물음이기 때문이다.

한 달여 수소문이었는데
한 번도 가본 적 없는 곳이었다

방을 들이고 세간을 모아 가급적 구석으로만 채웠다
그 방에서 읽었던 카프카를 가까운 곳에 꽂아두고
나머지 공간은 여운으로 남겨뒀다
시끄럽게 하지 말아 달라는 집주인의 명령을 받들어
있는 힘 다해 숨죽이고 살아야 했다

가당찮은 무게로
약한 힘을 밀어 올리는 새가
하늘 밖으로 튕겨져 나가지 못하는 것처럼
통로가 막혀 소리는 안으로만 맴돌았다

내가 나에게로 이사를 왔다
그늘이 그늘에게로 몸을 숨겼다

—「이사」 전문

인용 시에 상정된 두 개의 퍼소나는 '나'라는 공통점을 가지면서도 낯선 형국으로 조우한다. "내가 나에게로 이사를 했다"는 발화는 돌이켜보면 내가 진정한 나로 살지 않았다는 성찰을 포함하고 있다. 칼 구스타프 융은 사회적 퍼소나에 지나

치게 자기를 동일시했을 때 진정한 자신을 소외시킬 수 있음을 지적했다. 사회적인 나와 진정한 나는 어쩌면 전혀 다른 개체일 수 있다. 그러한 면에서 나에 대한 탐구는 시학의 한 고유한 영역이기도 할 터이다. 나에게 이사를 한 곳이 "한 번도 가본 적 없는 곳"이라는 고백은 흥미진진한 상상력으로 우리를 인도한다. 이는 참된 자기고백의 성격을 띠고 있기 때문이다. 내가 누구인지 말할 수 있는 사람은 누구인가 하는 고전적인 질문의 형식을 여기에서 볼 수 있다. 그에 대한 답은 신을 제외한다면 오직 스스로만이 할 수밖에 없다. 2연은 자기 탐색에 대한 조심스러움을 보여준다. "구석"과 "여운"이 그것으로 은밀한 자기 탐구의 욕망을 보여주는 것이다. "카프카"는 시적 주체가 지향하는 한 원형의 상징으로 볼 수 있다. 카프카의 소설 『변신』의 주인공 그레고리 잠자가 벌레가 되어 자신의 더러운 방 안을 헤매는 장면을 떠올리면 이 시의 전체적인 분위기와도 상통한다는 느낌을 받는다. "시끄럽게 하지 말아 달라는 집주인의 명령을 받들어/있는 힘 다해 숨죽이고 살아야 했다"는 고백이나 "통로가 막혀 소리는 안으로만 맴돌았다"는 시적 진술에서 억압된 자아의 원형을 카프카의 작품과 동일한 선상에서 떠올리게 되는 것이다. "약한 힘을 밀어 올리는 새"는 진정한 자기로 돌아가기 위해 몸부림치는 시적 화자를 뜻한다고 할 수 있다. 카프카의 벌레의 속성으로서 갇힌 새의 이미지와 연결해 볼 수 있다. 세계에 대한 자아의 싸

움은 실상 늘 패배에 가까운 법이다. 중요한 것은 어떠한 방식으로 패배할 것인가 하는 문제이다. 마지막 구절처럼 "내가" 또다시 "그늘"로 변주되는 장면에서 충만한 영성을 느끼게 되는 것은 자신에게 주어진 문제에 대한 탐구의 형식을 보여주기 때문이다. "그늘"로의 이사는 결국 자기가 무엇이냐 하는 문제에 대한 탐구라 할 수 있다.

눈 감은 사랑이여
내가 버린 혹은 나를 버린 사람과 온갖 티끌이여
소리 없는 곳에서 태어나
빛과 어둠은 교감으로 곧 하나가 되고
말할 수 없는 탄식으로
밀려오는 바다를 볼 것이다

나를 안타깝게 했던 사랑이여
그리하여 새살이 돋는
어느 지점에서
우리는 서로 마주 보고 앉아 있을 것이다

—「멀리」 전문

이 시에서의 "사랑"은 위에서 말한 "나의 시" 혹은 "내"가 찾아가는 "나"의 관념적 현현이라 할 수 있다. 그러한 의미에서 "눈 감은 사랑"이란 손에 잡히지 않는 또 다른 나의 형상을 하고 있다. "소리 없는 곳에서 태어나/빛과 어둠은 교감으로 곧 하나가 되"고자 하는 총체성 회복에 대한 욕망은 "안타까운 꽃말 하나 숨죽여 떠돌고 있"(「나의 시」)는 자신의 시적 열망과 그 궤를 같이하는 것이다. 그의 시에 드러난 어둠의 이미지는 침묵을 동반하며 현묘함과 그윽함으로 충만해져 있다. 그 총체성에 대한 열망의 실현은 "우리는 서로 마주 보고 앉아 있을 것"이라는 시적 형상화를 통해 이룩된다. 단 이 시의 제목 "멀리"는 여러 의미를 내포하고 있을 터이지만 끝내 도달하기 어려운 "나" 혹은 "나의 시"에 대한 비유적 언술이라 할 수 있다.

오후의 볕이 투명했다

수치를 낮춰주는 알약을 먹고 난 후
고정관념 사이에서 헛갈렸으며
근사하게 죽는 방법과
한 사람과 겨울 바다에 가는 상상도 했다
잠을 청하지 않는 시간엔 서쪽에서 뜨는 해를 볼 수 없었고
외로움도 죽지 않을 만큼에서 길들여졌다

내 생이

잠으로만 있으면 좋겠단 생각이 들어

비문의 혼으로 수천 년을 맴도는 바람이라도 괜찮다 싶어

나를 넘겨주려는 오후의 냄새에 기대고 있는 것이다

옥(獄)에 갇힌 사람의 고백을 읽다가

우린 모두 이파리로 내려와 울부짖다 가는 게 분명하여

서로의 부피를 나누며 한때를 스며드는 것이다

—「잠」 전문

인용 시는 잠이라는 물리적 현상을 의식의 문제로 치환했을 무의식에 내재한 주체의 욕망을 살필 수 있는 계기를 마련해준다. 이 시의 제목은 "잠"이지만 시의 내용은 잠이 들기 전 혹은 잠의 언저리를 감도는 사유를 보여준다. 어떤 혼돈이나 혼몽을 동반한 사유에서 오히려 선명한 지향을 볼 수 있다는 것은 아이러니한 일이기도 하다. "근사하게 죽는 방법과/한 사람과 겨울 바다에 가는 상상도 했다"는 고백은 잠의 혼돈 속에서 자아의 투명한 욕망을 보여준다. 근사하게 죽는 방법이란 잠에 가장 가까운 죽음일 터이며 한 사람과 겨울 바다로 가는 장면 역시도 단순히 연애의 상상력이라기보다는 궁극적인 죽음으로의 진입을 떠올리게 한다. 그것은 시적 주체가 잠

속에서 늘 죽음을 꿈꾸었다는 것을 의미하는 것이기도 하다. "외로움도 죽지 않을 만큼에서 길들여졌다"는 진술은 잠 속에서 죽음의 사유를 명확히 드러내고 있음을 보여준다. 외로움과 죽음의 조우는 시인에게 문학적 형상의 다른 이름이기도 할 터이다. 자신의 생이 "잠으로만 있으면 좋겠단 생각이" 드는 것도 외로움과의 조우에서 빚어지는 시적 형상화에 대한 또 다른 욕망이라 할 수 있다. 다분히 피학적인 욕망으로서의 "잠"은 시적 코드로서의 접속을 의미한다. 잠 혹은 무의식을 통한 시적 접속은 다음과 같은 짧은 시에서도 볼 수 있다. "여름 땡볕을 견디지 못하고//지렁이 수백 마리가 보도블록에 나와 있었다//들을 수 없는 울음이 흔한 날이었다"(「이롱(耳聾)」 전문). 잠과 다르지만 전혀 들을 수 없는 지경에서 사유는 잠과 상통하는 면이 있다. "들을 수 없는 울음"의 행방을 찾아가는 것이 시적 주체에게는 시의 다른 말이라 할 수 있다.

나무 그늘에 앉아 나무가 하는 말을 듣자니
아무 말이 없습니다

당신이 내 안에 있었을 때
무수하게 쏟아내던 말이 있었습니다

나무가 바람에 흔들리는 걸 보고 있자니

나무는 받아내는 일 외엔 아무것도 하지 않습니다

속으로만 간직해 두기를 바랐었는데
일곱 번을 두드려도 문이 열리지 않아
담기 힘든 말로 인해 무너지는 자구책을 써야만 했습니다

나무그늘에 앉아
나방의 성충이 나무의 살을 깎아내는 걸 보고 있자니
나무는 상처를 키워내는 일 외엔 아무것도 하지 않습니다

지면을 버리고 짐을 챙겨
한때 수몰지구였던 근처에 가서
잎이 떨어지는 속도에 맞춰 눈물이 내려앉을 때였는데

나무가 내게 쏟아내는 말이 너무 많아
아무에게도 말하지 않고
종이 한 장에 달빛만 얹어 돌아왔습니다

—「말없이 살아가는 것」

위의 시 「말없이 살아가는 것」은 만해 한용운의 고백체 문장을 떠올리게 한다. 존칭의 종결어미에 서린 통찰의 사고가

그것이며 동시에 일상 속에서 걷어 올린 깨우침의 언어가 그러하다. 그것은 다른 시에서도 편린이 보이는데 "눈물을 쏟고 난 뒤의 희열"(「슬픔의 역설」) 같은 것이 그렇다. 범속한 사실 속에서 발견된 진리는 우리의 인식을 좀 더 새로운 곳으로 안내한다. 가령 나무가 아무 말이 없다는 자명한 사실에 대한 새로운 깨달음은 자신의 삶을 돌아보게 한다. 바람에 흔들리는 나무 역시도 바람을 받아낸다는 사실 그리고 그 외에는 침묵한다는 사실에 대한 통찰은 말없이 살아가는 것의 의미를 숭고한 차원으로 승화시킨다. 이 글의 서두에서 밝힌 대로 비밀스러운 세계의 원리에 접근하고 있는 것이다. "일곱 번을 두드려도 문이 열리지 않"았다는 고백은 시인으로서의 자의식의 한 형태이다. 사물에 접근하고자 하는 열망은 모든 것으로부터 멀어져 잎이 떨어지는 속도에 맞추어 눈물을 흘리는 자아로 형상되지만 그때 "나무가 내게 쏟아내는 말이 너무 많" 음을 알게 된다. 그것은 나무의 말을 듣게 되었다는 고백의 일종으로 시적 자아의 집요한 탐구의 형상을 보여주는 것이다. 그러한 열망은 "이번 생엔 다그치는 눈발로 끝나더라도/햇살 드나드는 마당/면목 없는 얼굴로 눈이 내려와 있기를"(「처음과 끝」) 간절히 바란다. 시를 향한 충만한 자의식은 어떠한 실패도 받아들이겠다는 숭고함을 보여준다. "마음만은 꽃이 될 수 없어/자주 길을 헤맸다"(「오래된 습관」)는 부끄러운 고백도 결핍을 통해야만 시의 길로 들어갈 수 있다는 통찰에서 비롯된 것이다.

시적 자의식으로 인해 스스로 한뎃잠을 자고, 소리를 죽여 가며 사물의 소리에 귀를 기울이는 한 존재가 있다. "내가 나를 두고 떠난 변두리의 밤"(「조문」)을 헤매는 존재가 있다. 시인이라는 이름으로 세상을 사는 곤고한 자의 발걸음을 듣는 밤이다. 육체와 정신을 오가는 한 편의 시를 읽는 것으로 글을 마친다.

> 달의 점막주름 사이로 푸른 위액이 쏟아졌다
> 고통의 물질이 촬영되는 순간
> 허리끈 위에 둥근 달이 떴다
> 조명이 온몸을 감싸더니
> 점막 사이로 흰 눈물이 쏟아졌다
>
> 틈도 없이 날아가는 새를 잡으려는데
> 회전하는 달은
> 아무도 모르게 덮어두었던
> 성치 않은 위장을 훤히 들여다보고 있었던 것이다
>
> —「초음파」 전문

문학의전당 시인선 346

# 설명할 수 없는 문장들

ⓒ 최규환

초판 1쇄 인쇄 2021년 10월 22일
초판 1쇄 발행 2021년 10월 29일

지은이 최규환
펴낸이 고영
디자인 헤이존
펴낸곳 문학의전당
출판등록 제448-251002012000043호
주소 충북 단양군 적성면 도곡파랑로 178
전화 043-421-1977
전자우편 sbpoem@naver.com

ISBN 979-11-5896-533-4 03810